KAI

The Missionary Sea Turtle
La tortuga marina misionera

WRITTEN BY
NATALIA SEPÚLVEDA

ILLUSTRATED BY
ALEJANDRA LÓPEZ

To my loving husband Joseph and
my two beautiful children Ezra and Leilani.

Para mi amado esposo Joseph y
mis dos hijos hermosos Ezra y Leilani.

Kai The Missionary Sea Turtle
Kai la tortuga marina misionera

Copyright 2020
Bilingual Lifestyle Publishing
in Orlando, FL
BilingualLifestyle.com

Written by Natalia Sepúlveda
Illustrated by Alejandra López

All rights reserved. No part of this publication may be reproduced,
stored in a retrieval system, or transmitted in any form by any means,
electronic, mechanical, photocopy, recording, or otherwise,
without the prior permission of the publisher,
except as provided for by USA copyright law.

Library of Congress Control Number: 2020906425

ISBNs:
978-1-7348172-0-1 Paperback (Tapa rústica)
978-1-7348172-1-8 E-book
978-1-7348172-2-5 Hardcover (Tapa dura)

BILINGUAL LIFESTYLE
PUBLISHING

This book belongs to:
Este libro le pertence a:

Did you know?
There are hidden jellyfish throughout the story!
Read the story again and see if you can find them all.

¿Sabías qué?
¡Hay unas pequeñas medusas a lo largo del cuento!
Lee el cuento de nuevo a ver si las puedes encontrar todas.

On the way to church, Yan wondered who today's guest speaker was.

En el camino hacia la iglesia, Yan se preguntaba quién era el invitado especial de hoy.

orca whale
ballena orca

hammer shark
tiburón martillo

dolphin
delfín

green sea turtles
tortugas verdes

Yan and his little sister, Ari, love finding ways to serve the Lord.

A Yan y a su hermanita Ari, les encanta buscar maneras de servirle al Señor.

Yan stretched himself as tall as he could to see through their classroom window and... yes, there he was, the guest speaker. Ari was so excited. She rushed right in!

Yan se estiró lo más alto que pudo, para mirar a través de la ventana del salón... sí, allí estaba el invitado especial. Ari estaba tan emocionada. ¡Ella entró rápidamente!

—¡Hola! ¡Me llamo Kai y soy un misionero!
—¿Qué es un misionero? —preguntó Yan.
—Los misioneros comparten las Buenas Nuevas de Jesús —respondió Kai.
—Me encantaría compartir las Buenas Nuevas también. ¿Qué más hacen los misioneros? —preguntó Yan.

"Every day they wake up early to pray and talk to Jesus like they would talk to a friend. They also get to know Him better by reading the Bible."
"Oh, I can do that!" Yan said to himself.
"When I get big, I'll be good at reading the Bible," thought Ari.

—Cada día, se levantan temprano para orar y hablar con Jesús como lo harían con un amigo. También leen la Biblia para conocerlo mejor —dijo Kai.
—¡Oh, yo puedo hacer eso! —se dijo Yan a sí mismo.
«Cuando sea grande, seré buena leyendo la Biblia» pensó Ari.

"Before they eat breakfast, they give thanks to God for their meal. Then, they worship and praise Him with songs," Kai explained.

–Antes de desayunar, le dan gracias a Dios por su comida. Después lo adoran y alaban con canciones –explicó Kai.

"Where have you traveled to?" Ari asked curiously.
Kai responded, "I have traveled through both
the Atlantic and the Pacific Oceans."
"How do you know so much about God?" Yan asked.
"I went to Bible school to prepare for missions."
Yan whispered, "I can't wait to grow up and be a missionary."

–¿A dónde has viajado? –preguntó Ari con curiosidad.
–He viajado a través del océano Atlántico y
del Pacífico –respondió Kai.
–¿Cómo sabes tanto de Dios? –preguntó Yan.
–Tomé clases bíblicas en preparación para las misiones.
–Quisiera crecer más rápido para ser misionero –murmuró Yan.

"Missionaries use the talents God has given them to serve Him," Kai continued explaining. "I am not sure I can be a missionary. I don't think I have any talents," Yan murmured.
Ari replied, "Oh, yes you do Yan! You can paint with me, right?"

—Los misioneros utilizan los talentos que Dios les ha regalado para servirle —continuó Kai explicando.
—No creo que pueda ser un misionero. No creo que tenga ningún talento —murmuró Yan.
—¡Claro que sí Yan! Tú puedes pintar conmigo, ¿verdad? —dijo Ari.

Kai responded with a smile, "I didn't think I had any talents either, but while serving, I learned to do many things like worshiping the Lord with songs and instruments and performing in Christian plays."

—Tampoco pensaba que tenía talentos, pero mientras servía, aprendí a hacer muchas cosas como adorar a Dios con canciones e instrumentos y también a actuar en obras cristianas —respondió Kai con una sonrisa.

"Missionaries are also humble, obedient, and kind. They stand firm in their beliefs and values, which makes them good role models. They obey God and put Him first in their lives."
"Oh, how could I do that?" wondered Yan.

—Los misioneros son humildes, obedientes y amables. Se mantienen firmes en sus creencias y valores, lo cual los hace buenos modelos a seguir. Ellos obedecen a Dios y lo ponen en primer lugar en sus vidas —dijo Kai.
—¡Oh! ¿cómo podría hacer eso? —se preguntó Yan.

"They spread the love of Jesus and help those in need by giving them food and building houses," Kai mentioned. Yan said, "That's awesome. I share the food my momma packs for me with a friend at school, because he does not have lunch sometimes."

—Ellos comparten el amor de Jesús y ayudan a los necesitados dándoles comida y construyendo casas —mencionó Kai.
—¡Qué bien! Yo comparto el almuerzo que mi mamá me prepara con mi amigo en la escuela, porque a veces no tiene comida —dijo Yan.

"Missionaries visit hospitals and nursing homes to pray for the sick and spend time with them. They also do fun activities for children at orphanages and teach them about Jesus."

walrus
morsa

—Los misioneros visitan los hospitales y asilos de ancianos para orar por los enfermos y compartir con ellos. También hacen actividades divertidas para los niños en los orfanatos y les enseñan de Jesús —dijo Kai.

Kai asked them, "Did you know that all Christians, who love Jesus are called to be missionaries and share the Gospel with the nations? Missions can take place anywhere, like in a local park or on a trip. There are missionaries of various ages, including children, youth, and adults."
"Even us?" Ari wondered.

—¿Sabían que todos los cristianos que aman a Jesús son llamados a ser misioneros y a compartir el evangelio con las naciones? Las misiones pueden surgir en cualquier lugar como en un parque local o en un viaje. Existen misioneros de varias edades, incluyendo a niños, jóvenes y adultos —les dijo Kai.
—¿Nosotros también? —se preguntó Ari.

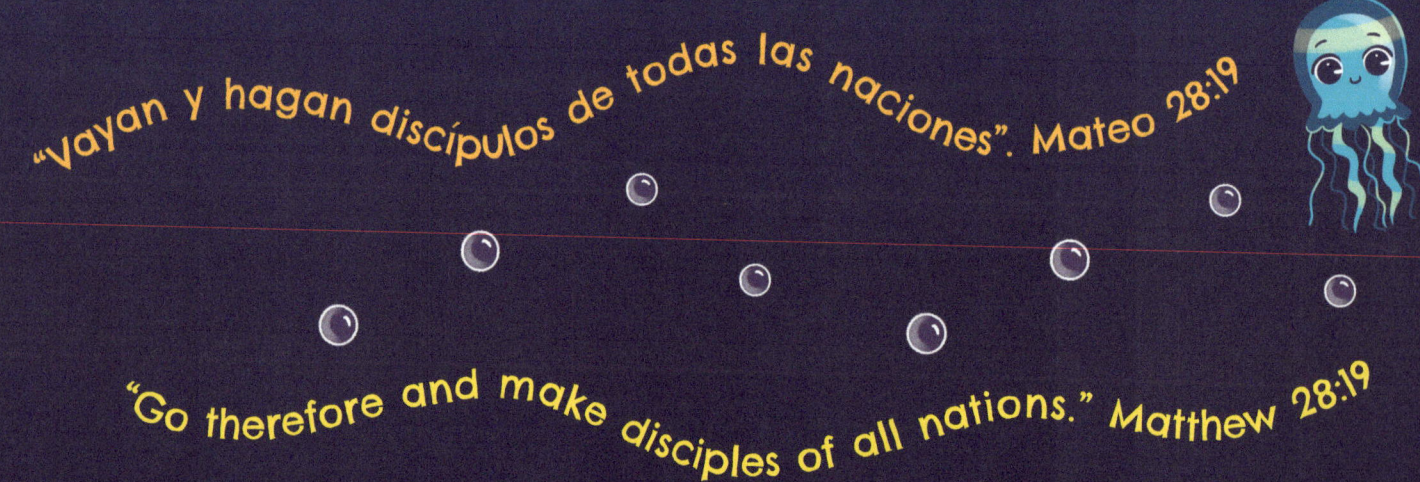

"Vayan y hagan discípulos de todas las naciones". Mateo 28:19

"Go therefore and make disciples of all nations." Matthew 28:19

"Can we be missionaries too?" Yan asked.
"Yes, pray and ask God for guidance."

–¿Podemos ser misioneros también? –preguntó Yan.
–Sí, oren y pídanle a Dios que los guíe –dijo Kai.

Yan replied with excitement, "I want to be a missionary!"
Ari exclaimed happily, "Me too! I want to be a missionary.
I can't wait to share Jesus with all of my friends!"

—¡Yo quiero ser un misionero! —respondió Yan con entusiasmo.
—¡Yo también! ¡Quiero ser una misionera! ¡Estoy deseosa de
contarles a todos mis amigos de Jesús! —exclamó Ari felizmente.

Thank you Kai!
¡Gracias Kai!

End Fin

Missionary Facts

WHAT'S A MISSIONARY?

A missionary is a Christian who is chosen by God to tell people about Him and to do His work among them.

WHO WAS THE FIRST MISSIONARY?

The Apostle Paul was the first missionary to spread the Gospel.

A MISSIONARY'S LIFESTYLE COULD BE A BIT DIFFERENT. FOR EXAMPLE, THEY MIGHT HAVE TO:

Live without a TV, phone, internet, washer or dryer
Face dangers
Learn a new language
Eat unfamiliar food
Wear different clothes
Be away from family

Datos sobre misioneros

¿QUÉ ES UN MISIONERO?

Un misionero es una persona cristiana quien es escogida por Dios para hablarle a otros de Él y hacer Su voluntad entre ellos.

¿QUIÉN FUE EL PRIMER MISIONERO?

El apóstol Pablo fue el primer misionero en anunciar el evangelio.

EL ESTILO DE VIDA DE UN MISIONERO PUEDE SER UN POCO DIFERENTE. POR EJEMPLO, ES POSIBLE QUE TENGAN QUE:

Vivir sin televisión, teléfono, internet, lavadora o secadora
Enfrentar peligros
Aprender un idioma nuevo
Comer comida desconocida
Vestirse diferente
Estar lejos de su familia

Christian Parenting Guide

USE THIS GUIDE TO TEACH YOUR CHILDREN TO LOVE MISSIONS:

1. Pray for missionaries and for the nations.

2. Put God first in your daily activities and celebrations.

3. Introduce your children to different foods, countries, and cultures.

4. Pick a Bible story for your weekly themed lesson and include sensory activities and visuals.

5. Worship and praise the Lord together as a family.

6. Read the Bible, missionary biographies, and Christian children's books aloud to your children and make crafts to reinforce what they have learned.

7. Attend church, have your children serve, and have playdates with Christian friends.

8. Have a child missionary pen pal, make missionary care packages, and or make Christmas boxes for the Operation Christmas Child Project.

9. Make crafts or use gospel tracts and find opportunities to spread the Gospel in your community.

10. Serve as a family in a community service project and participate in a local mission trip or short-term mission trip abroad.

Guía cristiana para padres

UTILICE ESTA GUÍA PARA ENSEÑARLE A SUS HIJOS A AMAR LAS MISIONES:

1. Ore con sus hijos por los misioneros y por las naciones.

2. Ponga a Dios primero en sus actividades diarias y celebraciones.

3. Introduzca a sus hijos a diferentes comidas, culturas y países.

4. Escoja una historia bíblica para sus lecciones semanales e incluya actividades sensoriales y visuales.

5. Adore y alabe a Jesucristo en familia.

6. Léale la Biblia, biografías de misioneros y libros cristianos infantiles en voz alta a sus niños y haga actividades relacionadas para reforzar lo aprendido.

7. Vaya a la iglesia y permita que sus hijos sirvan y compartan con niños cristianos.

8. Considere la opción de tener un niño misionero como pen pal, el hacer paquetes de asistencia y participar en la Operación Niño de Navidad haciendo las cajitas de regalo.

9. Hagan manualidades o utilicen folletos del evangelio para evangelizar en su comunidad.

10. Sirvan en algún proyecto de servicio comunitario en familia y participen en un viaje misionero local o en el extranjero.

Author

Natalia Sepúlveda, a children's book author and Spanish translator. She holds a master's degree in Spanish from the University of Central Florida in Orlando. Natalia is originally from San Germán, Puerto Rico and currently lives in Orlando with her husband Joseph and two children. She enjoys traveling, spending time with family, and serving the Lord. She's the owner of Bilingual Lifestyle Publishing and Co-founder of Panem Project. She also runs a Bilingual Lifestyle blog, where she shares her bilingual family adventures, book reviews, and bilingual and educational resources.

Natalia Sepúlveda, es una autora infantil y traductora de español. Ella tiene una maestría en Español de la Universidad de la Florida Central en Orlando. Natalia nació en San Germán, Puerto Rico y actualmente vive en Orlando junto a su esposo Joseph y sus dos hijos. A ella le encanta viajar, compartir en familia y servirle al Señor. Ella es dueña de Bilingual Lifestyle Publishing y es co-fundadora de Panem Project. Ella también dirige su Bilingual Lifestyle blog, donde comparte las aventuras bilingües de su familia, reseñas de libros y recursos bilingües y educativos.

Website: bilinguallifestyle.com
Social Media: @bilingual_lifestyle
E-mail: bilinguallifestyle@gmail.com

Illustrator

Alejandra López, a freelance illustrator from Chile. Since she was a little girl, she liked how children's books could transport her to a magical and fantastic world. For the same reason, she decided to devote herself to working full-time to children's illustration after she graduated as a graphic designer in 2016. Her biggest inspiration is her family, which makes her want to improve her drawing skills every day. Recently, she has illustrated children's books for the USA, Chile, Spain, and Scotland.

Alejandra López, es una ilustradora independiente de Chile. Desde pequeña, le gustaba como los libros podían transportarla a un mundo fantástico. Por esa razón, decidió dedicar su vida trabajando a tiempo completo como ilustradora infantil después que se graduó como diseñadora gráfica en 2016. Su familia es su mayor inspiración y la motiva a diario a mejorar su talento. Recientemente, ha ilustrado libros infantiles en los Estados Unidos de América, Chile, España y Escocia.

Acknowledgements

I am so thankful to all my friends and family who have supported my author journey! I would like to thank my husband Joseph for encouraging me and helping me through this process. Thank you to my parents for your unconditional love; Travis Peterson for designing this beautiful book; Alejandra López for bringing my story to life; Arelis Carrasquillo, Rebeca Imberg, Anette Rojas, and Sara Ball for your edits; Lisa Caprelli for your guidance and friendship; and April Cox for your teachings.

Reconocimientos

¡Estoy muy agradecida por todo el apoyo que mi familia y mis amistades me han brindado durante esta jornada como autora! Muchas gracias: a mi esposo por motivarme y ayudarme en este proceso, a mis padres por su amor incondicional; a Travis Peterson por diseñar este hermoso libro; a Alejandra López por ilustrar mi cuento; a Arelis Carrasquillo, Rebeca Imberg, Anette Rojas y Sara Ball por sus ediciones; a Lisa Caprelli por tus consejos y amistad y a April Cox por sus enseñanzas.

Author's note

Dear reader,

Thank you for reading Kai the Missionary Sea Turtle. I believe we need to teach our children the importance of missions. I am happy that I was able to combine my love for sea turtles, missions, and bilingualism in this book.

My husband and I have a heart for missions. For this reason, we created Panem Project, a media company and missions ministry, to support missionaries around the world. We hope this book can inspire children and that Panem Project can encourage adults to share the Gospel.

My dream for this book is to be a good bilingual resource to teach children about missions and inspire them to protect our oceans. Today, many of our sea turtles are either endangered or critically endangered. Do your part to protect our sea turtles and their friends by using reusable bottles and bags, participating in beach clean ups, and recycling.

If you feel this book should be shared with others, the best way to reach more children is by leaving an honest review on Amazon and sharing it on social media.

God bless you!

With love,

Natalia Sepúlveda

@bilingual_lifestyle
@panemproject
#kaithemissionaryseaturtle

Nota de la autora

Querido lector,

Gracias por leer Kai la tortuga marina misionera. Creo en el valor de enseñarles a nuestros niños la importancia de las misiones. Estoy muy contenta de haber podido combinar mi amor por las tortugas marinas, las misiones y el bilingüismo en este libro.

Mi esposo y yo tenemos un corazón para las misiones. Por esta razón, creamos a Panem Project, una compañía de medios y ministerio misionero. Espero que este libro pueda inspirar a los niños y que Panem Project pueda motivar a los adultos a compartir el Evangelio.

Mi sueño para este libro es que pueda ser una buena herramienta bilingüe para enseñarle a los niños sobre las misiones e inspirarlos a proteger nuestros océanos. Hoy, la mayoría de nuestras tortugas marinas están en peligro de extinción. Haz tu parte para proteger nuestras tortugas marinas y sus amigos al reusar botellas y bolsas reutilizables, participar en limpiezas de playas y reciclar.

Si sientes que este libro deba ser compartido con otros, la mejor manera de alcanzar a más niños es dejando una reseña honesta en Amazon y compartiendo el libro en los medios sociales.

¡Qué Dios te bendiga!

Con cariño,

Natalia Sepúlveda

@bilingual_lifestyle
@panemproject
#kailatortugamarinamisionera

CPSIA information can be obtained
at www.ICGtesting.com
Printed in the USA
BVHW061117170821
614611BV00009B/1200